LES GRANDES AMOUREUSES

Sapphò

Par JEAN RICHEPIN

PARIS
C. MARPON ET E. FLAMMARION, LIBRAIRES
—
A. LACROIX, ÉDITEUR

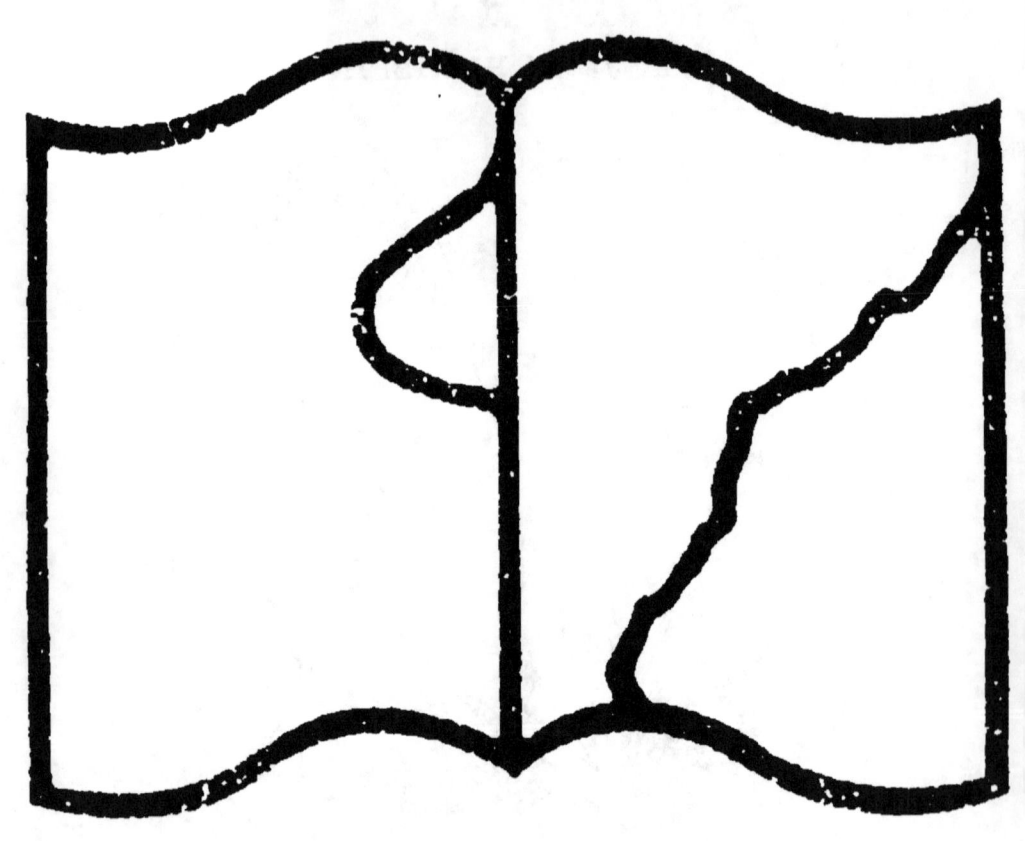

Texte détérioré — reliure défectueuse
NF Z 43-120-11

LES GRANDES AMOUREUSES

---— ✱ ——---

Première Série

Jean Richepin.	Sapphô.
Albert Lacroix. . . .	Ève.
Saint-Juirs.	Françoise de Rimini.
Charles Joliet. . . .	La Fornarine.
Judith Gautier. . . .	La femme de Putiphar.
Charles Diguet. . . .	Beatrice Cenci.
Louis Jacolliot. . . .	Koumarita.
Jules Poignand.	La Marquise de Brinvillier
Ph. Gerfaut.	Les femmes de Sardanapal
Jean Richepin.	Monnier.
Alfred Asselineau. . .	Madame de Monaco.
Judith Gautier. . . .	Iseult.
Jacques Lozère. . . .	La dame de Fayel.

10622. — Paris. Imprimerie A. Lahure, 9, rue de Fleurus

DU MEME AUTEUR

SOUS PRESSE :

La Belle Hélène.
Laïs.
Dalila.
Phryné.
Poppée.
Baudvilde, la belle Scandinave.
Judith.
La Périne, maîtresse de l'Arétin.
Sophie Monnier.
Vittoria Colonna.

Tous droits de traduction et de reproduction réservés.

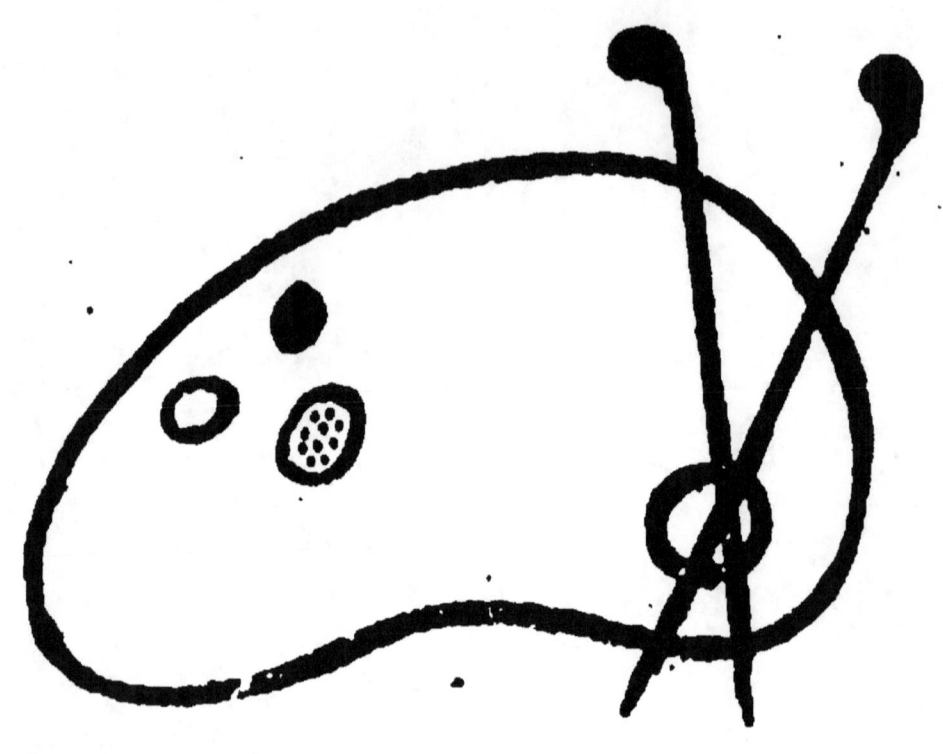

Original en couleur

NF Z 43-120-8

LES GRANDES AMOUREUSES

SAPPHÔ

PAR

JEAN RICHEPIN

ILLUSTRATIONS

Par MM. Hector Leroux, D. Vierge, Kauffmann

PARIS

C. MARPON ET E. FLAMMARION, LIBRAIRES
26, RUE RACINE, 26

A. LACROIX, ÉDITEUR

SAPPHÔ

42 OLYMPIADE

(610 av. J.-C.)

I

C'est fête aujourd'hui à Mitylène. Les Lesbiens ont laissé leurs travaux pour célébrer le jour d'Aphroditâ. Les riches commerçants ont fermé leurs comptoirs où ils échangent la pourpre d'Asie contre la toile de Grèce, et les bijoux égyptiens contre les peaux des bêtes tuées par les Barbares. Les robustes portefaix ont cessé de remuer, de charger et de décharger les lourdes caisses en bois odorant, pleines de raisins dorés séchés au soleil et de figues violettes à la peau ridée. Les esclaves eux-mêmes se reposent : ils ne tournent plus la meule sous laquelle s'écrasent l'orge et le froment ; ils ne recueillent plus dans d'énormes amphores l'huile claire et parfumée qui tombe goutte à goutte du pressoir regorgeant d'olives. Tout le monde est en joie : c'est la fête de la grande Aphroditâ.

Et l'on se rend au temple de la Déesse, bâti en marbre rose, sur une colline baignée par la mer bleue. Autour du palais s'étend le bois sacré, planté de myrtes aux sombres feuilles, de rosiers aux fleurs rouges comme des lèvres, et de cyprès, emblèmes de la fécondité, arbres à la fois mâles et femelles. Des allées tortueuses mènent à d'obscurs réduits ; partout des bocages propices au mystère ; des lits de gazon sous chaque arbre ; un nid de baisers dans chaque fleur. C'est là que s'accomplissent les initiations amoureuses ; c'est là que les femmes viennent offrir aux prêtres le sacrifice de leur corps, et que les amants viennent nouer et dénouer les liens de leur cœur.

Aujourd'hui le jardin perd son mystère. Tout le monde envahit le bois. Les échos s'étonnent de répéter la rumeur d'une foule, au lieu de soupirer les sanglots d'amour que la volupté satisfaite arrache aux couples enlacés. Le sable fin, où des corps nus et pâmés roulaient hier leur ivresse, crie sous les sandales nombreuses, comme le chaume sous les mille pas d'un troupeau de moutons. On va, on vient, on se promène en se heurtant. Les jeunes gens qui voient pour la première fois les doux retraits d'amour, interrogent curieusement les vieillards, qui répondent avec indulgence et sourient avec malice. Des femmes sentent leur monter à la gorge un mélancolique souvenir en passant au pied d'un arbre, dont les racines couvertes de mousse leur ont servi d'oreiller. Des vierges parlent bas à de beaux éphèbes, et choisissent d'avance le tombeau de leur virginité. Le regret des joies passées, l'espoir des plaisirs promis, l'image de la volupté empreinte sur tous les objets de ce lieu charmant, la chaude brise de mer, apportant ses effluves salés parmi les pénétrantes senteurs des roses et des myrtes, le grand et fécondant soleil versant son vin de flamme aux cœurs épanouis, tout respire la gloire de la déesse, tout chante la puissance de l'amour.

Et voici qu'arrive la théorie des prêtres marchant par rangs ordonnés et sur un pas rhythmique. Le premier rang est vêtu de robes blanches, symbole de la virginité; le second rang, de robes rouges, symbole de la maternité sanglante; et les deux couleurs vont en alternant jusqu'à la fin de la première hétairie.

Puis arrivent, mêlés et confondus à dessein pour signifier le désordre de la passion, les Ityphalles et les Phallophores, non point barbouillés de lie et pleins de vin comme aux fêtes de Bacchus, mais uniquement appliqués au rite de l'Aphroditâ féconde. L'emblème masculin, qu'ils portent comme étendard, indique le sens de leur culte.

Leurs vêtements, d'une symbolique plus raffinée, sont compris par les initiés seulement, et le vulgaire se contente d'en admirer la curieuse et riche ordonnance. Les Ityphalles ont des tuniques bigarrées de nuances infinies sur un fond blanc; leurs mains sont entièrement couvertes par les manches, qui sont faites de fleurs naturelles cousues sur une fine étoffe de gaze. Une ceinture en cuir fauve fixe à leurs flancs une tarentine qui traîne sur leurs talons. Les Phallophores, vêtus d'une caunacé, portent comme signes distinctifs une couronne de lierre et de violettes, et un plastron tissu de serpolet.

Ils s'avancent, en chantant l'hymne antique

de la Déesse, accompagnés par les flûtes aux sons coulants et les lyres aux notes détachées. Le peuple répète après eux les louanges de Vénus, mais sur un ton doux, pour ne point couvrir la voix des chanteurs sacrés.

L'hymne fini, on doit pénétrer dans le temple, pour offrir sur l'autel les sacrifices préparés. C'est ainsi qu'on achètera le droit d'accomplir dans l'année, sur l'autel plus charmant d'un lit de gazon, sous le dôme des myrtes du bois sacré, le sacrifice amoureux.

II

Déjà les prêtres s'apprêtaient à frapper trois fois du marteau d'ébène la porte d'ivoire. Ils allaient prononcer la formule qui ouvre aux profanes le sanctuaire. Le peuple se pressait derrière eux. Les jeunes gens avides, les vierges palpitantes, attendaient, la bouche ouverte et la poitrine gonflée. On n'entendait plus que le bruit des respirations entrecoupées et des voluptueux soupirs, au milieu du recueillement religieux qui lentement posait son aile sur tous les fronts.

Tout à coup, dans ce silence, une mélodie douce s'élève sur le rivage et arrive avec la brise de mer. C'est un chœur de voix féminines, pures et vibrantes comme un son de cristal et soutenues par les notes graves des barbitos aux cordes d'airain. Des accents plus mâles dominent parfois cet accord charmant. On dirait un chœur de Néréides parmi lesquelles chanterait un jeune éphèbe, dont la voix encore tendre a déjà cependant les vigueurs plus viriles de la puberté.

La mélodie est si belle, que les prêtres eux-mêmes, au lieu de continuer la cérémonie, s'arrêtent pour écouter. Et le silence du peuple est si profond que tout le monde peut entendre.

Le chœur merveilleux chante un hymne à la belle Aphroditâ.

Il dit :

Toi dont le trône est orné, immortelle Aphroditâ, — fille de Zeus, savante en ruses, je t'im-

plore, — Ne me méprise pas, ne charge pas d'ennuis, — O reine, mon cœur.

Mais viens vers moi, si jamais à ma demande — ayant souvent entendu mes prières, — tu les as écoutées; si, quittant la maison de ton père, — tu es venue sur l'or

De ton char attelé par toi; si tu as été conduite par tes beaux — rapides moineaux, au-dessus de la terre noire — faisant un tourbillon de leurs ailes nombreuses, eux venus du ciel, au mi — lieu de l'éther.

Et en un moment ils furent arrivés; et toi, ô bienheureuse, — ayant souri sur ton immortel visage, — tu demandas quelle était la cause de ma souffrance, et pourquoi — certes je t'appelais,

Et quels sont par dessus tout les désirs et les vœux — de mon cœur en délire, et quelle personne je veux de nouveau — voir prendre au filet de mon amour ? Qui donc, ô — Sapphô, t'outrage ?

Va, si cette personne te fuit, bientôt elle te

poursuivra ; — si elle dédaigne tes présents, au contraire elle t'en donnera ; — si elle ne t'aime pas, bientôt elle t'aimera, — même toi ne le voulant pas.

Déesse, viens à moi maintenant aussi, et délivre-moi de mes pénibles — tourments, et tout ce qu'il faut accomplir, — pour satisfaire mon cœur, accomplis-le ; et toi-même, — viens combattre avec moi.

Les voix s'étaient peu à peu rapprochées ; et quand vibra la dernière note de l'hymne, on vit apparaître au fond de la grande allée du bois la troupe des chanteuses.

Le peuple et les prêtres, qui déjà dans les paroles de l'ode avaient saisi au vol le nom de l'auteur, saluèrent ce nom qui était leur gloire.

— Honneur à Sapphô !

— Louange à la grande Sapphô !

— Bienheureuse Aphroditâ qu'une pareille lyre a chantée !

Et le chef des prêtres, marchant au devant de la poétesse, lui dit de loin, comme s'il parlait à une divinité :

— Joyeuse et renommée soit la cité de Mitylène, joyeuse et renommée soit l'île de Lesbos, pour avoir mis à la lumière du jour la puissante chanteuse qui charme les dieux et les hommes.

III

Et Sapphô entra dans le temple, lentement, comme une génisse blessée, et elle était suivie de ses belles jeunes filles semblables à de craintives brebis.

Ces jeunes filles, c'étaient ses élèves et ses amantes : Andromeda, Erinna, Anactoria, Telesippa, Megara, Atthis, Cydno, vierges de Lesbos, Eunica de Salamis, Anagara la Milésienne, Damanilê la Pamphilienne, Gongyla de Colophôn. Toutes portaient une longue robe blanche, semée de violettes pâles pareilles à des yeux mélancoliques. Leur front était voilé par une coiffure d'étoffe légère, qui servait à assurer le fragile et capricieux édifice de leur chevelure. Elles tenaient de la main gauche une lyre en ivoire appuyée contre leur sein, et de la main droite elles frappaient les cordes de métal avec un plectre d'ébène.

La mâle Sapphô n'était point vêtue comme elles. Une tunique jaune ceignait sa taille mince, et marquait le contour anguleux et serré de ses hanches, étroites comme celles d'un garçon. L'étoffe, relevée par un pli dans la ceinture, laissait voir des chevilles fines et des jambes nerveuses. Les bras, qui étaient nus, n'avaient pas la rondeur exquise et la molle douceur des bras de femme. On sentait des muscles menus et courts, mais secs et forts, sous cette peau vigoureuse. Le corps entier était maigre et petit.

La figure de Sapphô la distinguait de ses

compagnes peut-être plus encore. Toutes ces filles, en effet, étaient belles. Sapphô ne l'était point. Elle n'avait pas ce teint blanc et vermeil qui est l'ornement des visages, et qui semble fait de l'écume des vagues et du sang des roses. Elle n'avait pas ces joues fermes qui font penser aux fruits savoureux. Elle n'avait pas ces yeux à la fois doux et brillants, qui sont les yeux des gazelles et les yeux des femmes d'Asie, et qui ont un reflet d'améthystes dormant sur du velours. Elle n'avait pas non plus ces belles chevelures, arrangées avec art, ni les lourds bandeaux plaqués sur le front comme il sied aux cheveux noirs, ni les légers nuages des boucles soyeuses et blondes, ni le crespelage fauve et tordu des crinières rousses. On admirait tous ces trésors chez les compagnes de Sapphô. Et à côte d'elles, Sapphô paraissait au premier abord pauvre de beauté.

Son teint était brun, non pas doré comme les grappes au soleil, mais sombre comme une feuille morte. On sentait que cette face obscure avait été brûlée au soleil des passions, séchée au feu des fièvres, hâlée au vent amer des voluptés.

Les cheveux encadraient étrangement ce visage. Bordant un front bombé et trop haut, ils s'élançaient irrégulièrement, par mèches rebelles, en broussailles, en épis, drus, noirs, bourrus, et il fallait un peigne de buis aux dents solides, pour les tenir violemment rejetés en arrière.

Les yeux de Sapphô, qui donc pourrait les dire? Ils étaient jaunes, comme les yeux des fauves, caressants et cruels, ténébreux et profonds. Aphroditâ tout entière, Aphroditâ la farouche, celle qui au printemps fait fermenter la sève dans les forêts, bouillir le sang chez les bêtes, celle qui embrase le ciel et la terre, celle qui met la création en rut, Aphroditâ formidable habitait dans ces yeux.

Et c'est pourquoi, malgré son corps petit,

malgré ses membres maigres, malgré son front bombé, ses cheveux grossiers, son teint noir, Sapphô était belle. Elle était belle comme l'ouragan est beau, avec ses colères, ses cris, ses contorsions, ses coups de vent, ses avalanches de pluie, ses craquements de tonnerre. Sapphô aussi était une tempête. La frénésie de l'amour avait bouleversé son être, tordu ses bras, fait crier son cœur. Le souffle rauque des jalousies avait renversé ses joies. Ses larmes avaient coulé, brûlantes comme la pluie d'orage. Et son âme ressemblait à un grand chêne, frappé à coups redoublés par le tonnerre, arbre sans feuilles, arbre sans nids, géant foudroyé, morne et superbe.

Aussi le prêtre ne faisait-il qu'exprimer la pensée de tous, en rendant à Sapphô des hommages presque divins. Et c'est une des belles choses de l'antiquité que cette cérémonie religieuse interrompue pour honorer le génie.

Et ce prêtre, d'ailleurs, en glorifiant Sapphô, que faisait-il, sinon adorer encore Aphroditâ dans sa plus noble et sa plus sublime victime ?

IV

Quelle vie, en effet, que la vie de Sapphô, autant qu'on la peut reconstruire par la légende !

Cette femme, destinée aux amours étranges, commença pourtant sa vie amoureuse de la façon la plus simple. Elle fut d'abord mariée à un citoyen d'Andros, marchand selon toute apparence, nommé Cercala, et elle eut de ce mariage une fille.

A cette époque qui se place vers la 42e Olympiade (610 av. J.-C.), les colonies grecques de l'Asie Mineure étaient le pays des lettres et des arts grecs. Alcée, Anacréon, sont à peu près du même temps. Il y avait donc des artistes, des poètes, et des écoles où l'on apprenait le métier d'artiste ou de poète.

Sapphô, que sa nature ardente poussait vers la poésie, avait versé dans les rhythmes le trop-plein de son cœur que ne satisfaisait pas l'amour conjugal. C'est par ses vers qu'elle se rendit d'abord célèbre, au point de fonder bientôt à Mitylène une école de poésie et de rhétorique. Attirées par son talent et sa réputation, les jeunes poétesses de Lesbos vinrent d'abord auprès d'elle. Puis, sa renommée s'étendant, elle eut même, comme nous l'avons vu, des élèves étrangères, venant des autres colonies, et même de la Grèce.

C'est alors, c'est dans la vie intime avec ces vierges intelligentes et belles, que Sapphô prit le goût de l'amour particulier qui a depuis porté le nom d'amour Lesbien. Ses élèves devinrent ses amies, et ses amies se changèrent en amantes. Elle porta dans cette passion l'ardeur, la fougue, la poésie qu'elle avait en elle, et qui faisaient son génie.

Des savants trop pudibonds ont essayé d'excuser Sapphô de ce qu'ils appellent un crime. Dans l'expression frénétique de ses sentiments pour ses élèves, ils ont voulu voir seulement une amitié très vive.

D'abord, avant d'appeler criminel l'amour de Sapphô, il faut réfléchir au temps et au lieu où cet amour a pris naissance. A Lesbos, nous sommes en Asie, pays des saisons molles et énervantes, sous le soleil caressant, près de la voluptueuse mer Égée, dont les vagues ondoyantes ont des rondeurs semblables à des seins de femmes. L'Asie est par excellence le pays de l'amour sensuel, le paradis de la chair.

Puis, à Lesbos, non seulement nous sommes en Asie, mais nous sommes chez des Grecs, c'est-à-dire chez un peuple qui n'a jamais connu ce que nous nommons la pudeur. Les Grecs ne ressentaient, devant les beaux corps, que de l'admiration ou de l'amour, mais point de honte. Aussi la beauté était-elle la chose principale pour eux. Touché par une beauté, le Grec ne cherchait même pas à connaître si elle était de son sexe ou d'un autre : il aimait.

On sait les théories de Platon à ce sujet, et l'exemple de Socrate lui-même prouve que les Grecs ne se faisaient aucun scrupule de pratiquer ce que définit le *Banquet*. Dès lors, pourquoi s'indigner, pourquoi s'étonner même des amours de Sapphô, qui sont tout simplement la contre-partie des amours de Platon ? Non, il n'y a pas crime. Il y a seulement différence de mœurs. Il ne s'agit donc ici ni de blâmer, ni de défendre Sapphô. On ne doit chercher qu'à la comprendre, en expliquant sa race et son temps.

Crime ou non, toujours est-il que Sapphô aima ses élèves. Cela, c'est la chose certaine, impossible à nier. A ceux qui soutiennent la thèse contraire, il suffit de lire la fameuse Ode :

A UNE FEMME AIMÉE.

Il me paraît être égal aux Dieux, — cet homme, qui en face de toi — est assis, et tout près doucement par — ler t'entend,

Et rire gracieusement; par cela, moi, mon — cœur dans ma poitrine fut épouvanté. — Car lorsque je te vois, à l'instant de ma gorge — rien ne vient plus.

Mais ma langue s'arrête, et un subtil — feu court rapidement sous ma chair, — et de mes yeux je ne vois rien, et bourdon — nent mes oreilles.

Et une sueur froide se répand sur moi, et un tremblement — me saisit tout entière, et plus verte que l'herbe — je suis, et je meurs presque de défaillance, — je parais sans souffle.

Il est inutile d'insister sur la signification de cette pièce, et de commenter les vers. La question est jugée.

Peu importe, d'ailleurs ! Ce qu'il faut voir là-dedans, ce qui émeut, ce qui renverse, c'est la violence de cette passion, c'est la rage amoureuse qui possédait cette femme et qu'elle a su rendre. Si jamais on a pu employer le mot d'enthousiasme, de délire poétique, c'est bien ici, c'est bien en parlant de Sapphô tout entière à sa passion, hors d'elle-même, fouettée par son insatiable désir, le corps secoué par les griffes de cette chimère qui la déchire. Quelle âpreté de langue, quelle brutalité d'images ! Combien a dû souffrir et jouir la femme qui a écrit ces vers !

Pour qui furent-ils écrits ? S'il faut en croire la légende, parmi les nombreuses amantes de Sapphô, on devrait compter la courtisane égyptienne Rhodopis, et c'est pour elle que

Sapphô aurait écrit l'Ode : *A une femme aimée*.

Cette courtisane florissait à Naucratis, port d'Égypte avec lequel trafiquaient les navires lesbiens. Charaxos, frère de Sapphô, la connut en faisant à Naucratis le commerce des vins. Il l'aima et l'amena à Mitylène, où Sapphô la connut à son tour. Le frère et la sœur devinrent rivaux, et Rhodopis, après avoir cédé aux désirs de Sapphô, semble être revenue ensuite à Charaxos. C'est alors que Sapphô aurait composé son Ode.

Si cette rivalité n'est pas absolument sûre, il y a dans l'histoire un point qui n'est pas douteux : c'est que Charaxos fut l'amant de Rhodopis et la racheta d'esclavage. Il se ruina avec elle, et Sapphô, quittant la poésie amoureuse pour la poésie satirique, composa des invectives contre son frère. Ce fait, qui est authentique, suffirait peut-être à faire croire qu'elle aussi avait aimé la belle courtisane égyptienne.

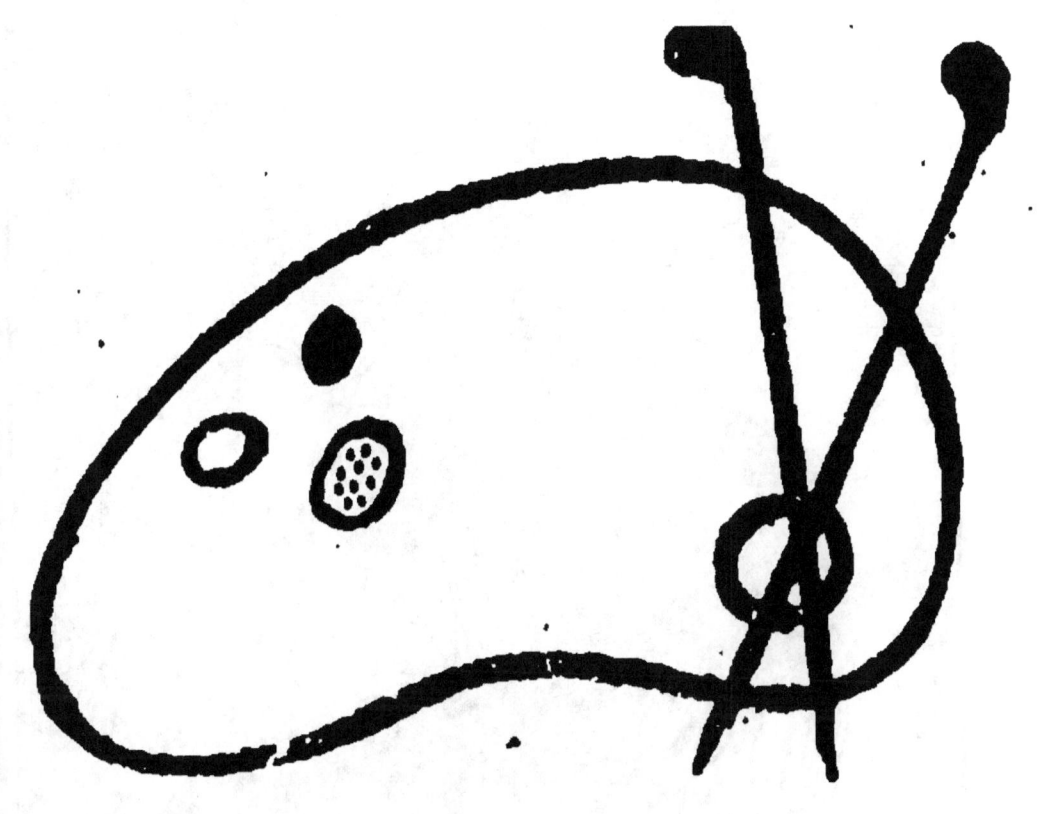

Original en couleur

V

Tout est bizarre dans cette vie. Nous avons vu Sapphô connaître d'abord l'amour par le mariage. Ce début s'accorde mal avec l'existence fiévreuse que nous venons de parcourir. Eh bien! la mort de Sapphô s'accorde encore moins avec tout son caractère. Elle est inattendue, et surprend absolument. Sapphô mourut d'amour, pour un homme! Cet homme se nommait Phaon. Par un singulier sentiment, cet homme non seulement refusa d'aimer Sapphô, mais méprisa même les marques de son amour. Il ne comprit pas ce qu'il y avait de beau à être aimé par ce poète de génie. Il ne comprit pas ce qu'il y avait de grand à pouvoir dire : « Moi seul parmi les hommes, j'ai dompté cette lionne affamée d'amour féminin. »

Sapphô, désespérée de ces refus et de ces mépris, se serait jetée dans la mer, du haut du rocher de Leucade. Les amants malheureux qui se précipitaient de ce rocher, devaient, au dire de la tradition, éteindre dans ce gouffre ou leur passion ou leur vie.

Sapphô y éteignit sa vie. Quant à sa passion, elle brûle encore, après plus de deux mille ans, dans le peu de vers qui nous restent de la grande poétesse ! Cette flamme folle, terrible, dévorante, allumée au foyer des désirs étranges, est peut-être la plus grande que l'amour ait jetée en ce monde. Pour la nourrir, il avait mis dans ce grand cœur la soif jamais rassasiée de la chair vivante, la rage cruelle des concupiscences impossibles, la frénésie d'un idéal introuvable.

Aussi Sapphô reste la plus haute figure amoureuse, et la plus grande gloire poétique, parmi les femmes. Les Lesbiens, après sa mort, frappèrent une monnaie à son effigie. Le monde a fait de même et garde ce souvenir impérissable gravé dans son histoire. Le temps, qui nous a laissé si peu des œuvres de Sapphô la poétesse, en a cependant laissé tout ce qu'il faut pour qu'on n'oublie jamais Sapphô l'amoureuse, Sapphô la grande Lesbienne.

APPENDICE

Nous empruntons à la traduction de M. Ernest Falconnet quelques-uns des fragments qui subsistent des poésies de Sapphô.

» « Pour moi, j'aime une vie molle et voluptueuse; mais cet amour pour les plaisirs présents ne m'empêche pas de faire des actions brillantes et honnêtes. »

« L'amour vainqueur de tous les obstacles me trouble et m'agite. C'est un oiseau doux et cruel; on ne lui peut résister. Athis, je vous suis maintenant odieuse, tandis que toutes vos pensées sont pour la belle Andromède. »

« O ma tendre mère ! je ne puis, hélas ! manier la navette ni l'aiguille : la redoutable Vénus m'a soumise à son joug impérieux, et mon violent amour m'occupe tout entière. »

∴

« La lune et les pléiades sont déjà couchées : la nuit a fourni la moitié de sa carrière, et moi, malheureuse, je suis seule dans mon lit, accablée sous le chagrin. »

∴

« Virginité, virginité, où t'envoles-tu, après m'avoir abandonnée ?... Je ne reviendrai plus vers toi, je ne reviendrai plus ! ».

∴

« Les dédains de la tendre et de la délicate Gyrine ont enfin déterminé mon cœur pour la belle Mnaïs... »

∴

« L'amour agite mon âme, comme le vent agite les feuilles des chênes sur les montagnes. »

∴

« Je volerais sur le sommet élevé de vos montagnes et je m'élancerais entre tes bras, toi pour qui je soupire... Tu m'enflammes. »

∴

« Tu m'oublies entièrement, ou tu en aimes un autre plus que moi. »

∴

« Mets des couronnes de roses sur tes beaux cheveux; cueille avec tes doigts délicats les branches de l'aneth... La jeune beauté qui cueille des fleurs en paraît encore plus charmante et plus belle. »

∴

« Je vais chanter maintenant des airs mélodieux qui feront les délices de mes amantes. »

∴

« L'amour est fils de la terre et du ciel. La persuasion est fille de Vénus. »

∴

« Ami, tenez-vous vis-à-vis de moi; que vos yeux brillent de tout leur feu et de toute leur grâce. »

∴

« L'eau fraîche d'un ruisseau murmure doucement dans ces vergers, sous les branches des pommiers. »

∴

« J'ai dormi délicieusement pendant mon songe dans les bras de la charmante Cythérée. »

« Le bruit des feuilles agitées a dissipé mon sommeil. »

« Ses chants étaient beaucoup plus doux que le son de la lyre, et elle était bien plus précieuse que l'or le plus pur. »

« Charmante Vénus, je vous ai envoyé des vêtements de couleur de pourpre; ils sont très précieux : c'est votre Sapphô qui vous offre ces agréables présents ! »

« Si Jupiter voulait donner une reine aux fleurs, la rose serait la reine de toutes les fleurs. Elle est l'ornement de la terre, la plus belle des plantes, l'œil des fleurs, l'émail des prairies, une beauté toujours suave et éclatante; — elle exhale l'amour, attire et fixe Vénus : toutes ses feuilles sont charmantes ; son bouton vermeil s'entr'ouvre avec une grâce infinie et sourit délicieusement aux zéphirs amoureux. »

« L'or est le fils de Jupiter ; ni la rouille ni les vers ne rongent ce métal qui agite si merveilleusement l'intelligence des mortels. »

---

341 — Paris. — Imp. Tolmer et Cie, 3, rue Madame.

LES
GRANDES AMOUREUSES

UE de drames dans le cadre choisi pour cette publication !

Drames intimes qui, le plus souvent, débordent sur la grande scène du monde et confinent à la vie générale !

Duels d'âmes, dont les chocs se répercutent sur le monde extérieur !

Chaque biographie que nous traçons est un roman par un côté et de l'histoire par l'autre. Elle offre l'intérêt puissant des œuvres romanesques, car elle nous donne les palpitations des cœurs, les fièvres de la vie ; elle présente les péripéties du drame, car elle nous montre les intrigues ou les luttes de la passion, et, en même temps, elle est la réalité même, car elle prise au vif des événements accomplis.

Il est grand, en effet, le rôle de l'amour à tous les âges de l'humanité !

Tantôt il affecte la famille, tantôt il remue la cité, souvent il exerce son influence sur la patrie ; parfois même il a le pouvoir d'ébranler les nations et de bouleverser un monde entier.

Que d'exemples frappants, les uns funestes, les autres féconds : depuis la légende biblique d'Ève jusqu'à la guerre de Troie que suscita la belle Hélène ; depuis Sémiramis jusqu'à Lucrèce, épouse de Collatin ; depuis Sapphô jusqu'à Phèdre ; depuis Judith de Magdala jusqu'à Marie-Madeleine ; de Messaline à Frédégonde ; de Marguerite de Bourgogne à Lucrèce Borgia ; de Diane de Poitiers ou de la Belle Gabrielle à Marie Stuart ; de madame de Maintenon à la grande Catherine de Russie ; du Nord au Midi, du gynécée jusqu'au harem, du cloître jusqu'au palais, du salon à la place publique, du fond mystérieux du boudoir jusqu'au milieu des camps, de la mansarde à la prison ; dans l'antiquité la plus reculée comme dans les temps modernes ; au plein cours de la civilisation non moins qu'au sein de la barbarie ;

au milieu des villes peuplées de même qu'au fond des déserts, — partout où l'on remonte, de quelque côté qu'on tourne les yeux, dès qu'on scrute les causes, on retrouve l'action de l'amour.

L'homme et la femme sont le double pôle de l'humanité, et l'amour est le pivot, le centre, l'axe du monde !

Dans le domaine de la vie privée, ainsi que dans le cercle de la vie publique, il est le levier tout-puissant, le vrai, le souverain moteur des actions des hommes !

C'est le fécondateur par essence, le créateur éternel : il nous fait ou nous défait, nous grandit ou nous rabaisse, nous amollit ou nous retrempe, nous fourvoie ou nous redresse !

Il met son empreinte ineffaçable sur toute chose. Et par qui ?

Par la femme.

Qui donc a dit : pour découvrir ou comprendre les actes de l'homme, cherchez où est la femme ?

Parole profonde !

Mais nous n'avons pas à chercher.

Il nous suffit de recueillir les figures féminines dont l'histoire a consacré le renom.

Chaque pays compte les siennes ; chaque siècle rend

témoignage de cette influence de la femme : influence directe et patente chez les unes, influence indirecte et flottante chez les autres; mais toujours — mobile déterminant ou fil invisible — elles jouent leur rôle et prennent leur part dans l'évolution générale de l'humanité. Elles sont le conducteur, ici tangible, là insaisissable, de tout le drame humain.

La fable les évoque, la légende les esquisse, la poésie les chante, l'histoire les burine.

Il n'est pas un mouvement de l'esprit, pas une tourmente de l'âme, pas un événement important de la vie particulière ou générale, auxquels elles ne soient participantes par quelque point : au fond de toute œuvre, par derrière toute action, leur main apparaît.

Malfaisantes ou propices, elles perdent ou elles sauvent ceux qu'elles inspirent; précurseurs ou adeptes, elles impriment l'impulsion à l'homme, ou, si elles la reçoivent, au contraire, de lui, elles en transmettent à d'autres le mouvement, mais toujours elles sont là qui agissent !

Ne sont-elles pas les sirènes enchanteresses par qui, éternellement, est touché et séduit le cœur de l'homme ? Et, dans cet entraînement lui-même, ne puisent-elles pas précisément leur force, leur autorité, leur influence ?

Maîtresse ou femme légitime, fiancée ou courtisane, nul ne peut dire qu'il a échappé à cette domination de la femme sur lui par l'amour. La domination change suivant les milieux, se diversifie selon les circonstances, se modifie selon les tempéraments; mais quelle femme n'a pas créé chez chacun de nous, à une heure déterminée, un courant tout entier de vie, soit en bien, soit en mal?

L'entraînement passager, non moins souvent que la passion véhémente, est la cause, le stimulant ou le motif occasionnel de la plupart des actes humains. Mais généralement l'effet produit est dû à l'amour.

Les annales de l'histoire sont là d'ailleurs pour certifier cette action prépondérante de la femme.

Elle met son empreinte dans la politique, et c'est Aspasie dirigeant Périclès; elle bouleverse l'équilibre universel et, pour un caprice, fait perdre l'empire du monde à Antoine énervé, et c'est Cléopâtre.

Elle s'appelle, au contraire, Agnès Sorel, et, pénétrant de son souffle Charles VII amolli, sauve la France.

Elle s'appelle Marguerite de Navarre et suscite la Renaissance et soutient la Réforme.

Elle est madame de Pompadour, et, si avilie soit-elle, elle couvre de sa protection auprès du roi, son amant, les philosophes, les encyclopédistes, les novateurs, et prépare, inconsciente de son œuvre, la Révolution française.

Elle est madame Roland et fonde un parti par l'austérité de son amour autant que par la puissance de sa raison.

Elle est Lucile et soutient jusqu'à l'échafaud et affermit jusque dans le martyre Camille Desmoulins.

Elle est Théroigne de Méricourt, et des derniers enfants du peuple qu'entraînent son exaltation ou ses faveurs, elle fait des héros !

Mais le rôle de la femme n'est pas moins éclatant dans d'autres sphères.

C'est elle qui projette indirectement sa lueur dans les arts, les lettres et les sciences ; inspirant l'artiste et le poète, ou les consolant, elle les grandit et les immortalise. Elle fait éclore en eux les chauds enthousiasmes, et féconde ainsi leur génie de son amour même.

C'est Héloïse encourageant Abeilard et lui créant par son dévouement unique une éternité de gloire, et lui assurant, par l'association de leurs deux noms, une popularité indestructible au cœur naïf des foules.

C'est la Fornarina ou la Mona Lisa, pour Raphaël et Léonard de Vinci ; c'est Béatrix qui guide le Dante ; c'est Laure, inspiratrice de Pétrarque ; c'est Éléonore pour qui Tasse soupire ; c'est madame de Warrens révélant Jean-Jacques Rousseau à lui-même ; c'est Graziella ou c'est Elvire accordant la lyre de Lamartine !

D'un côté, ce sont les pauvres jeunes filles, victimes

de Don Juan, qui plaident pour lui et font lumineux le passage de ce grand séducteur à travers le monde; de l'autre côté, ce sont les belles pécheresses désabusant Alfred de Musset de l'amour prodigué et faisant jaillir de son âme, tour à tour ballottée entre l'idéal insaisissable et la réalité brutale, cet amer cri de doute et ces puissants appels d'amour, et mettant dans sa bouche l'imprécation terrible ou l'ironie glaciale à côté du chant suave : mélange de scepticisme et de foi, qui est la note, la marque et le résumé d'une époque!

Car elles apparaîtront toutes dans cette galerie immense, et elles y projetteront chacune leur lumière : les unes, revêtues des attributs de la force agissante, et dirigeant l'homme ; les autres, subissant l'ascendant de l'être aimé au point de s'en faire le verbe, l'écho et d'être les propagateurs persuasifs de sa foi, de sa pensée; celles-ci, reflet adouci d'une trop vive clarté ; celles-là, foyer ardent où l'homme puise ses rayons.

— Qu'importent d'ailleurs les différences entre elles ! Elles sont toutes les mêmes et constituent, en somme, le moule enchanteur où se fond incessamment la nouvelle humanité.

Donc, retracer l'histoire des héroïnes de l'amour à tous les temps, c'est en quelque sorte, sous un aspect inédit et plus curieux, recomposer l'histoire de notre humanité !

Tel sera l'intérêt sérieux de cette publication, tel son

côté utile, instructif ; mais en même temps n'offrira-t-elle pas quelque curiosité et quelque attrait aussi ? A l'enseignement viendra s'ajouter l'émotion du récit. La leçon se tempérera par les reliefs même du sujet traité ; car, en chacune de ces biographies, il y a tous les éléments du vrai roman. Ces peintures de l'amour comportent, en effet, tous les genres, toutes les variétés : ici, idylle douce et touchante ; là, drame intime ; ailleurs, épopée tragique, et parfois aussi, comédie plaisante ou burlesque.

On y verra tour à tour la passion en ses manifestations les plus infinies : d'un côté, l'innocence, la grâce, le charme pénétrant de la tendresse qui s'élève jusqu'au dévouement le plus rare ou qui s'immole dans une résignation complète ; de l'autre côté et comme revers, les fièvres brûlantes qui mènent à la criminalité, les jalousies féroces qui poussent au délire et créent la folie, les coupables désirs qui énervent ou dégradent, et, parfois, comme un cauchemar affreux, la monstrueuse débauche aux ailes sombres devant qui l'imagination recule en frémissant !

Tantôt l'âme en ses purs transports, tantôt les sens en leurs brutalités ; — ici, le culte, l'extase, le sentiment délicat et profond ; — là-bas, la frivolité, la galanterie ou l'ivresse de la chair.

Mais quelle que soit la passion retracée, ce sera avec réserve, sobriété, convenance, dignité.

Chaque écrivain par sa plume, chaque artiste par son crayon ou son burin, s'efforcera de grandir le sujet, en s'appliquant de préférence à son côté idéal, élevé. L'art ne purifie-t-il pas, sous une main habile, tout ce qu'il touche?

Qu'il s'agisse des vierges qu'on vénère, des femmes qu'on chante, des coupables dont on garde pitié, des impures qu'on maudit, des monstres qu'on exècre, le grand souffle moral de l'histoire animera toutes les pages de ce livre, inspirera tous les jugements et éclairera ainsi, en la vivifiant, l'œuvre entière.

Et, de la sorte, il ressortira de cette lecture un nouvel enseignement non moins profitable que la leçon historique : ce sera l'enseignement de l'être humain, fouillé, analysé en son cœur et en son cerveau.

Ces récits seront par là une étude psychologique d'une saisissante vérité autant que d'un poignant intérêt.

Albert Lacroix.

PLAN DE LA PUBLICATION

Jean Richepin, *Sapphô*.
Alphonse Daudet, *Madame Roland*.
Catulle Mendès, *Messaline*.
Villiers de l'Isle-Adam, *Ysabeau de Bavière*.
Judith Gautier, *La femme de Putiphar*.
René Delorme, *Françoise de Rimini*.
Alfred Asseline, *Princesse de Monaco*.
Charles Diguet, *Marie Touchet*.
Henri Bocage, *Duchesse d'Étampes*.
Frédéric Lock, *Didon*.
Charles Joliet, *Les nièces de Mazarin*.
Ph. Gerfaut, *Les femmes de Sardanapale*.
Louis Jacolliot, *Koumarita*.
Poignant, *La marquise de Brinvilliers*.
Albert Lacroix, *Ève*.
E. Hoschedé, *La Duthé*.
Jacques Lozère, *La dame de Fayel*.
L. Block, *Gabrielle d'Estrées*.
Bonnassies, *Mademoiselle Georges*.
Gellion Danglars, *Héro*.
V. Champiez, *Marina*.
Madame Alph. Daudet, *Clémence Isaure*.
H. Denis, *Armande Béjart*.
Garcia Ramon, *L'Indienne Angèle*.
Arsène Houssaye, *Madame de Montespan*.
Henry Houssaye, *Aspasie*.
Barbey d'Aurevilly, *Madame Récamier*.
André Lemoyne, *Héloïse*.
Théodore de Banville, *Juliette*.
Le Conte de Lisle, *Chimène*.

Armand Silvestre, *Marguerite de Bourgogne*.
Paul Arène, *Jeanne de Naples*.
Eugène Pelletan, *Madame de Staël*.
Ch. Monselet, *Les maîtresses de lord Byron*.
Hippolyte Castille, *Lucrèce Borgia*.
Clovis Hugues, *Théroigne de Méricourt*.

Puis viendront ensuite et successivement les biographies de :

Cléopâtre, Marie Stuart, Diane de Poitiers, Ninon de Lenclos, Mme Dubarry, Mme de Pompadour, Marion Delorme, Sémiramis, Reine de Saba, Agrippine, Frédégonde, les Vestales, les femmes des douze Césars, les maîtresses de Tibulle, les amoureuses de Goethe, Rébecca, Poppée, Sophie Monnier, Vittoria Colonna, Phryné, Dalila, la maréchale d'Ancre, Catherine de Russie, la reine Christine, Anne de Boleyn, Zénobie, Inès de Castro, la Camargo, les femmes de Mahomet, etc., etc., — les Reines, — les Maîtresses royales, — les Actrices, — les Courtisanes, — à travers toutes les époques et dans tous les pays.

Chaque biographie formera un petit volume de luxe, grand in-18 jésus, sur papier vergé, avec gravures, eau-forte ou héliogravure, tirées en couleur hors texte, sous couverture parcheminée, au prix de 2 francs.

Paris. — Imp. Tolmer et Cⁱᵉ, 3, rue Madame.

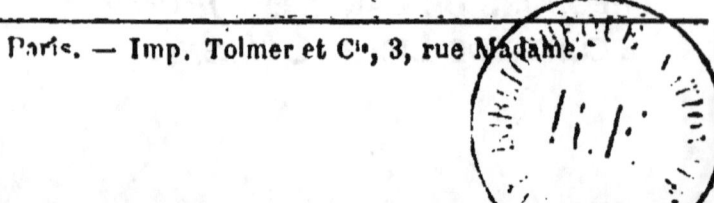

www.ingramcontent.com/pod-product-compliance
Lightning Source LLC
LaVergne TN
LVHW050303090426
835511LV00039B/1203